# INTRODUCTION
## A LA
## NOUVELLE ÉPELLATION - LECTURE.

### Voyelles simples et doubles.

| ROMAINES. | | | | ITALIQUES. | | | |
|---|---|---|---|---|---|---|---|
| A | E | I | Y | *A* | *E* | *I* | *Y* |
| a | e | i | y | *a* | *e* | *i* | *y* |
| O | U | Æ | OE | *O* | *U* | *Æ* | *OE* |
| o | u | æ | œ | *o* | *u.* | *æ* | *œ* |

### Voyelles accentuées.

à â é è ê ë î ï ô ù û ü.

## Consonnes simples et doubles.

| ROMAINES. | | | | ITALIQUES. | | | |
|---|---|---|---|---|---|---|---|
| B | C | D | F | *B* | *C* | *D* | *F* |
| b | c | d | f | *b* | *c* | *d* | *f* |
| G | H | J | K | *G* | *H* | *J* | *K* |
| g | h | j | k | *g* | *h* | *j* | *k* |
| L | M | N | P | *L* | *M* | *N* | *P* |
| l | m | n | p | *l* | *m* | *n* | *p* |
| Q | R | S | T | *Q* | *R* | *S* | *T* |
| q | r | s | t | *q* | *r* | *s* | *t* |
| V | X | Z | W | *V* | *X* | *Z* | *W* |
| v | x | z | w | *v* | *x* | *z* | *w* |

## Sur les voyelles simples.

| | | | |
|---|---|---|---|
| A | a | Pa | pa, |
| e | à | de | là, |
| â | é | pâ | té, |
| è | e | mè | re, |
| o | i | jo | li, |
| u | y | ju | ry, |
| ê | u | vê | tu, |
| î | é | gî | té, |
| ô | é | cô | té, |
| û | i | mû | ri, |
| o | ë | No | ël, |
| a | ï | Ta | ï, |
| a | ü | Sa | ül, |
| o | ù | où | vas-tu? |

## Sur les consonnes simples.

| | | | |
|---|---|---|---|
| B | be | Go | be, |
| C | que | co | que, |
| C | ce | ni | ce, |
| D | de | fa | de, |
| F | fe | ni | fe, |
| G | gue | bè | gue, |
| G | je | lo | ge, |
| H | he | ha | che |
| J | je | dis - | je, |
| K | que | ca | que, |
| L | le | mâ | le, |
| M | me | li | me, |
| N | ne | mi | ne, |
| P | pe | pa | pe, |

| | | | | |
|---|---|---|---|---|
| Q | que | | pi | que, |
| R | re | | ra | re, |
| S | se | | bour | se, |
| T | te | | da | te, |
| V | ve | | sè | ve, |
| X | xe | | ta | xe, |
| Z | ze | | on | ze, |

## Formation des syllabes.

| | | | | | |
|---|---|---|---|---|---|
| 1° Be | a | ba | Je | o | jo |
| ke | a | ca | ke | y | ky |
| ce | é | cé | le | i | il |
| de | i | di | me | u | mu |
| fe | o | fo | ne | a | na |
| gue | u | gu | pe | é | pé |
| he | a | ha | que | o | quo |

| | | | | | |
|---|---|---|---|---|---|
| Re | u | ru | Ne | ef | nef |
| se | a | sa | e | if | lif |
| te | è | tè | le | ag | l'ag |
| ve | i | vi | ze | ig | zig |
| xe | o | xo | ke | al | cal |
| ze | u | zu | be | el | bel |
| 2° le | ab | l'ab | be | il | bil |
| le | ob | l'ob | fe | ol | fol |
| be | ac | bac | ve | ul | vul |
| pe | ec | pec | le | ap | l'ap |
| de | ic | dic | le | op | l'op |
| de | oc | doc | ce | ep | cep |
| se | uc | suc | gue | ar | gar |
| lè | ad | l'ad | he | er | her |
| be | ud | bud | je | or | jor |

| K*e* | i | kir | *le* | ux | lux |
| --- | --- | --- | --- | --- | --- |
| le | ur | ur | gue | az | gaz |
| le | as | as | fe | ez | fez |
| me | ès | mès | je | oz | joz |
| ne | is | nis | x*e* | an | xan |
| ne | os | nos | ze | on | zon |
| ne | us | nus | 3° ble | a | bla |
| pe | at | pat | bre | é | bré |
| ce | et | cet | che | i | chi |
| re | it | rit | cle | o | clo |
| de | ot | dot | cre | u | cru |
| pe | ut | put | dre | a | dra |
| re | ax | rax | fle | è | flè |
| te | ex | tex | fre | i | fri |
| re | ix | rix | gle | u | glu |

| | | | | | |
|---|---|---|---|---|---|
| Gne | a | gna | sme | i | smi |
| gre | ê | grê | spe | u | spu |
| phe | y | phy | ste | a | sta |
| ple | o | plo | tle | a | tla |
| pre | u | pru | cle | o | clo |
| te | a | tha | 4° phre | a | phra |
| tre | è | trè | scre | u | scru |
| vre | o | vro | stre | uc | struc |

## Sur les consonnes doubles.

| | | | |
|---|---|---|---|
| Bl | ble | ta | ble, |
| br | bre | so | bre, |
| ch | che | va | che, |
| cl | cle | on | cle, |
| cr | cre | su | cre, |
| dr | dre | ci | dre, |

| | | | |
|---|---|---|---|
| Fr | fre | fi | fre, |
| gl | gle | rè | gle, |
| gn | gne | di | gne, |
| gr | gre | nè | gre, |
| ph | fe | to | phe, |
| pl | ple | sou | ple, |
| pr | pre | pro | pre, |
| th | te | men | the, |
| tr | tre | ni | tre, |
| vr | vre | lè | vre, |
| ps | pse | gy | pse, |
| pt | pte | a | pte, |
| sm | sme | pri | sme, |
| sp | spe | ja | spe, |
| st | ste | le | ste, |
| ill | ille | ma | ille. |

## sur les consonnes triples.

| | | | | | | | |
|---|---|---|---|---|---|---|---|
| Chl | cle | o | chlo | re | is | ris | chloris, |
| phl | fle | o | phlo | me | is | mis | phlomis, |
| chr | cre | é | chré | te | ien | tien | chrétien, |
| phr | fre | a | phra | se | ié | zier | phrasier, |
| sch | che | i | chi | sme | » | » | schisme, |
| sph | sfe | è | sphè | re | » | » | sphère, |
| scr | scre | i | scri | be | » | » | scribe, |
| scr | scre | u | scru | te | er | ter | scruter, |
| spl | sple | en | splen | de | eur | deur | splendeur |
| str | stre | i | stri | a | ge | » | striage, |
| str | stre | ic | stric | te | » | » | stricte, |
| thr | tre | om | throm | be | us | bus | thrombus |
| A | tle | è | thlè | te | » | » | athlète, |
| E | u | eu | fre | a | phra | te | Euphrate. |

## SECONDE PARTIE.

## Sur le cours du temps.

A cette époque où nous vivons,
De tous côtés, que de wagons!
Qui roulent, au lieu de voitures,
Sur du fer en rails ou rainures.

Moi je voudrais tracer du ciel
Le chemin, le seul essentiel;
Mais n'ayant que peu de lumière,
Je manque à la marche première.

Si je donne du moins tout bas
Des avis qui ne nuisent pas,
Qui voudra les mettre en pratique
N'en sera que plus catholique.

En suivant la voie du Seigneur,
Nous trouverons notre bonheur;
Nous obtiendrons donc par sa grâce
Dans le ciel une bonne place.

Dans ce lieu si beau, si charmant!
Nous y resterons constamment;
Nous chanterons avec les anges,
De Dieu les bienfaits, les louanges.

Là, point de regret du passé,
On y est heureux et sauvé;
On y goûte une joie céleste
Dans laquelle toujours on reste.

*On lit les monosyllabes ou mots d'une syllabe comme dans ce qui suit:*

Je sais que Dieu est bon, qu'il sait tout, qu'il voit tout, le haut, le bas, le beau, le grand, le gros, le pain, le vin, la foi, la joie, la paix, le fond du cœur, etc.

*Petit réglement pour les enfants qui fréquentent les écoles primaires catholiques.*

Mots d'une et de plusieurs syllabes.

Bons en fants, tous les ma tins, é tant é veil lés, fai tes le si gne de la croix, et con sa crez vo-tre cœur et vo tre pre miè-re pen sée à Dieu; puis vous é tant le vés promp-te ment et ha bil lés mo-des te ment, met tez - vous à ge noux et fai tes vo tre pri è re du ma tin a vec tou-te l'at ten tion et tou te la dé vo tion dont vous ê tes capables. Ensuite allez souhaiter le bonjour à votre papa, à votre maman et à vos autres parents.

Tous les jours, le matin, à midi et au soir, récitez l'*angelus* avec dévotion.

En commençant votre étude ou votre travail, faites dévotement le signe de la croix, et offrez, consacrez vos actions à Dieu, et ayez l'intention de lui plaire et de faire tout pour sa gloire.

Allez exactement à

l'école, soyez-y bien studieux, obéissants et respectueux.

Quand vous passez devant un calvaire, une croix, une image de notre Seigneur, de la Sainte Vierge ou des Saints, saluez révéremment et dévotement, en inclinant et en vous découvrant la tête.

Bons amis, ne jurez pas en vain, ne blasphémez jamais, ne faites pas d'imprécations, ne dites aucune parole grossière ni à double sens, et ne faites jamais aucune chose contraire à l'honnêteté. Bons enfants, tous les dimanches et toutes les fêtes d'obligation, ne manquez pas à assister à la sainte messe, aux autres offices ni au catéchisme. Et les autres jours, autant que vous le pourrez, assistez aussi à la sainte messe, à genoux, avec toute la dévotion possible, vous levant pendant l'évangile; ce sera la plus belle et la plus sainte action de votre journée.

Bons a mis, ne tu toy ez pas vos pa rents, ni les per son nes aux quel les vous par lez, pas mê me les do mes ti ques ni les pau vres.

Ne sor tez pas de vo tre mai son sans la per mis si on de vos pa rents.

Tous les soirs a vant de vous cou cher, al lez sou hai ter la bon ne nuit à vo tre pa pa, à vo tre ma man et à vos au tres pa rents; puis fai tes vo tre priè re du soir à ge noux le plus dé vo te ment pos si ble, et cou chez - vous mo des te - ment, en bé nis sant Dieu, a fin que vous re po siez dans le Sei gneur.

Bons en fants, soit en al lant à l'é co le, soit en re tour nant de l'é co le à vo tre mai son, ne vous ar rê tez pas dans les rues, n'y cri ez pas, ne trou blez pas la sé cu ri té pu bli que, et sur tout n'in sul tez per son ne ; au con trai re, soy ez mo des tes, sa lu ez po li ment les per son nes que vous rencontrez, et en toute chose, donnez bon exemple aux autres. Si on vous insulte ou injurie, souffrez-le pour l'amour de Dieu, et demandez tout bas au Seigneur qu'il fasse la grâce à ces insensés de se repentir de leur insolence, et qu'il les pardonne comme vous les pardonnez.

Bons amis, quand vous rencontrez une personne que vous connaissez, saluez-la promptement, cette action est très louable et bien séante.

Vous saluerez aussi poliment et indistinctement les autres personnes que vous rencontrerez, suivant l'usage des lieux.

Soit en sortant de votre maison, soit en y entrant, ou en toute autre, saluez encore révéremment et poliment les personnes qui s'y trouvent.

Vous devez aller au devant des personnes qui entrent chez vous, et les sa lu er po li ment et in dis tinc te ment ; et fai re de mê me quand el les sortent, en les con dui sant du moins jus qu'à la porte.

Lors que des pau vres des man dent la cha ri té à votre por te, in té res sez - vouen leur fa veur, en pri ant vos pa rents de les as sis ter, s'ils le peu vent, pour l'amour de Dieu.

Bons en fants, en par lant à des per son nes res pecta bles, vous de vez ré pondre po li ment : oui, monsi eur, oui, ma da me, ou : non, mon si eur, non, ma da me, ou ma de moi sel le, et sui vant les ques ti ons qu'on vous fe ra.

Lors que des per son nes qui ont au to ri té sur vous, vous com man dent quel que cho se que vous pou vez fai re hon nê te ment, obé is sez - leur vo lon tiers et à l'ins tant.

Mais si l'on vous com man-dait de di re des pa ro les, ou de fai re des ac ti ons con trai-res à l'hon nê te té, il fau drait répondre que vous ne pouvez pas dire des paroles, ou faire des actions, des choses qui déplairaient à Dieu.

Bons amis, quand vous aurez besoin de parler à une personne respectable qui sera occupée, vous vous présenterez révéremment et poliment, et attendrez qu'elle ait le loisir de vous parler ou de vous demander ce que vous avez à lui dire.

Quand une personne d'autorité vous reprend

ou vous donne des avertissements, remerciez-la humblement.

Si quelqu'un, en votre présence, dit ou fait quelque chose contraire à l'honnêteté et à la bienséance, reprenez-le par charité et avec modération.

Bons enfants, ne dérobez pas, ne prenez jamais aucune chose à qui que ce soit, pas même à vos parents, car cela n'est pas permis, et vous seriez obligés de restituer.

Ne mentez pas, et surtout ne calomniez pas et ne soyez jamais faux témoins; ayez toujours en horreur de tels défauts.

Ne fréquentez pas les enfants vicieux et méchants, dans la crainte qu'ils vous nuisent, soit au corps, soit à l'âme.

Quand vous empruntez une chose, rendez-la le plus tôt possible, sans attendre qu'on vous la demande.

Bons amis, quand vous

buvez, pensez à *Jésus* à qui vous devez plaire.

Quand vous prononcez ou entendez prononcer les saints noms de *Jésus* et de *Marie*, comportez-vous révéremment.

Lorsque vous approchez de la table pour prendre vos repas, tâchez d'avoir la figure et les mains lavées, un extérieur propre, et dites le *Bénédicité* avec dévotion.

A table ou ailleurs, ne soyez pas gourmands, n'enviez pas ce que les au tres mangent, ne les regardez même pas, ne demandez pas, ne prenez rien que ce qu'on vous offre et qu'on sait vous être bon; et quand une personne vous donne quelque chose, remerciez-la en vous inclinant la tête.

Ne vous mettez pas à table sans y être invités.

Quand vous mangez ou buvez, que ce soit sans avidité et sans excès.

Après vos repas rendez graces à Dieu, et lavez-vous ou es suy ez-vous les mains.

Bons en fants, é tant par ve nus à l'â ge de rai son, fré quen tez sou vent les sa cre ments, a fin de vous sanc ti fi er de plus en plus; fuy ez tout pé ché, et pra ti-quez les ver tus.

Tout ce que vous a vez de plus im por tant à fai re au mon de, c'est de vous ren dre de plus en plus a gré a bles à Dieu, de ne l'of fen ser ja mais, de ne fai re, en tout lieu, en tout temps et en toute circonstance, que ce qui peut lui plaire, afin de mériter un jour la récompense du paradis que le bon Dieu promet aux enfants bien sages et vertueux.

Bons amis, aimez toujours bien votre papa, votre maman, vos frères et sœurs, vos autres parents, vos supérieurs et tous ceux qui sont chargés de vous commander, de vous instruire, de vous conduire dans le chemin du ciel, de la vertu ; obéissez-

## Aux enfants qui sont à l'école.

Mes chers enfants, le ciel vous protége,
Vous serez donc tous bien élevés ;
D'une bonne école ou d'un collége,
On vous verra tous sortir lettrés.

Pour profiter de cet avantage,
Ne soyez pas sans quelques soucis ;
Aimez de la science le partage
Dû à tous les enfants bien soumis.

Dans vos études, suivant la mode,
De vos maîtres répondez aux soins ;
Quant à leurs avis, à leur méthode,
Observez-les bien dans vos besoins.

Invoquez bien l'esprit de lumière
Pour qu'il vous éclaire constamment,
Demandez-lui dans votre prière
Qu'il fortifie votre entendement.

Envers vos parents soyez dociles,
Bien prévenants, bien respectueux ;
Aimez-les bien, soyez-leur utiles,
Et ayez tous les égards pour eux.

Louez la divine providence,
Elle pourvoit à votre bonheur ;
Prouvez-lui votre reconnaissance
Et par la piété et par la ferveur.

## FIN.

bbeville, imp. — JEUNET, éditeur du *Pilote de la Somme*, rue Saint-Gilles, 108.

leur respectueusement, et ne les méprisez pas, ne les insultez jamais; car Dieu punit sévèrement les enfants qui manquent de respect et d'obéissance à leurs pères et mères; nous en avons des exemples frappants et convaincants dans les Ecritures.

Aimez aussi votre prochain comme vous-mêmes pour l'amour de Dieu.

Pour vous, bons enfants, choisissez le bon parti, soyez toujours bien dévoués et très-reconnaissants à vos parents; alors vou[s mé]riterez les grâces [et] bénédictions que l[e Sei]gneur ne manquer[a pas] de répandre sur v[ous,] sur vos familles; c[e sera] pour vous le tré[sor le] plus précieux, e[t vous] direz: Dieu soit [béni!]

**DEO GRATIA[S]**

**LE PAPE BENOIT XII[I]**
A accordé, en 1729, cent ans d'indulg[ence, chaque] fois que l'on récitera, avec dévotion, cette [prière en l'hon]neur de l'immaculée conception de la Vierg[e Marie:]

Bénie soit la Sainte et Immaculée [Conception de] la bienheureuse Vierge Marie, à jam[ais.]

*Je vous salue Marie, etc.*

O Marie! conçue sans péché, priez [pour nous qui] avons recours à vous.

parents; alors vous mériterez les grâces et les bénédictions que le Seigneur ne manquera pas de répandre sur vous et sur vos familles; ce sera pour vous le trésor le plus précieux, et vous direz : Dieu soit béni!

DEO GRATIAS.

**LE PAPE BENOIT XIII**

A accordé, en 1729, cent ans d'indulgence, toutes les fois que l'on récitera, avec dévotion, cette prière à l'honneur de l'immaculée conception de la Vierge Marie :

Bénie soit la Sainte et Immaculée Conception de la bienheureuse Vierge Marie, à jamais.

*Je vous salue Marie, etc.*

O Marie! conçue sans péché, priez pour nous qui avons recours à vous.

## Aux enfants qui sont à l'école.

Mes chers enfants, le ciel vous protége,
Vous serez donc tous bien élevés ;
D'une bonne école ou d'un collége,
On vous verra tous sortir lettrés.

Pour profiter de cet avantage,
Ne soyez pas sans quelques soucis ;
Aimez de la science le partage
Dû à tous les enfants bien soumis.

Dans vos études, suivant la mode,
De vos maîtres répondez aux soins ;
Quant à leurs avis, à leur méthode,
Observez-les bien dans vos besoins.

Invoquez bien l'esprit de lumière
Pour qu'il vous éclaire constamment,
Demandez-lui dans votre prière
Qu'il fortifie votre entendement.

Envers vos parents soyez dociles,
Bien prévenants, bien respectueux ;
Aimez-les bien, soyez-leur utiles,
Et ayez tous les égards pour eux.

Louez la divine providence,
Elle pourvoit à votre bonheur ;
Prouvez-lui votre reconnaissance
Et par la piété et par la ferveur.

### FIN.

---

Abbeville, imp. — JEUNET, éditeur du *Pilote de la Somme*, rue Saint-Gilles, 108.

en tout temps et en toute circonstance, que ce qui peut lui plaire, afin de mériter un jour la récompense du paradis que le bon Dieu promet aux enfants bien sages et vertueux.

Bons amis, aimez toujours bien votre papa, votre maman, vos frères et sœurs, vos autres parents, vos supérieurs et tous ceux qui sont chargés de vous commander, de vous instruire, de vous conduire dans le chemin du ciel, de la vertu ; obéissezleur respectueusement, et ne les méprisez pas, ne les insultez jamais; car Dieu punit sévèrement les enfants qui manquent de respect et d'obéissance à leurs pères et mères; nous en avons des exemples frappants et convaincants dans les Ecritures.

Aimez aussi votre prochain comme vous-mêmes pour l'amour de Dieu.

Pour vous, bons enfants, choisissez le bon parti, soyez toujours bien dévoués et très-reconnaissants à vos

www.ingramcontent.com/pod-product-compliance
Lightning Source LLC
Chambersburg PA
CBHW060912050426
42453CB00010B/1682